Klovnin paradoksi

FSC
www.fsc.org
MIX
Paperi vastuul –
lisista lähteistä
Paper from
responsible sources
FSC® C105338

© 2014 Lauri Leinonen

Taide: Matti Leinonen

Taitto: Anssi Vieruaho

ISBN 978-952-286-833-6

Kustantaja: BoD - Books on Demand, Helsinki, Suomi

Valmistaja: BoD - Books on Demand, Norderstedt, Saksa

Kirjassa on otteita Ilmari Koistinen –nimisen klovnin elämästä
ja hänen paradoksaalisista ajatuksistaan.

Tämä alter egoistinen runokokoelma on omistettu tovereille,
perheelle, mummolle
ja kaikille, joiden sydämissä pulppuaa lannistumaton
inhimillisyyden ja lempeyden veri.

Megalomaaniset kiitokset sedälleni Matti Leinoselle,
joka antoi maalauksensa käyttööni
värittämään klovnin harmaan arjen.

Muistetaan,
Ei Liian Tosissaan.

Neljäsataakaksikymmentä kiloa
  pankkitilin saldo
jumalallisen bisnesälyni turvin pystyn tekemään nettoa
  oksettaa kun
    kotimaakin muistuttaa pummien ghettoa
      vakaumukseni on suunnata kasvukäyrä kaakkoon
        olen neorealisti
    uuden ajan uusliberaali
massivirtojen konkistadori
      vapauksista vapautunut
    velvoitteista emansipoitunut
  kapitalismin säihkyvin
superupea musta ori
  ala-asteen vuoren valtias
 antisyrjäytynyt
lätkässä ja politiikassa
  oikealla laidalla
    limppu huulessa viilettävä
    viileä matadori
      kundi
    peilikuvasta kajastaa klovni

Olen
alaston totuus
karvaton nappisilmäinen koira
loppumaton empatian lähde
piippuun syötetty neilikka
rauhanlipun ompelija ja monistaja
kollektiivisen rakkauden
ylievolutionaalinen
kosminen kuuluttuja

vaikka

palapelin viimeinen palanen
olen
utopistinen naurettava
hippi
dystooppisen aidossa runkkuringissä

Puhelin soi tänään.
Joku vähän innokas leidi
-ajatteli alleviivata yleisesti käsitettävää ilouutista
ylitsepursuavalla energisyydellään-
soitteli ja tarjosi töitä.
Mainostoimistosta.
Palkka hyvä, tehtävät mielekkäitä,
työkaverit nuoria ja nuorehkoja,
avarakatseisia kosmopoliitteja,
tiukkapyllyisiä napakoita punatukkia,
egoloogisia ekolokalisteja.

Joo, tuumin.

Mainostaminen, markkinointi...
Kusta&Paskaa.
Mainostoimisto,
kapitalismin kantava voima
peruspilari,
tarkoituksena vain huijata ja uskotella
kansalaiset luulemaan haluja tarpeiksi.

Tykkään kyllä manipuloida,
huijata ja sekoittaa ihmisten päitä,
mutta konsumeristiseen
vouhotukseen
kolmasosa päivistä...

Saatanan sanansaattaja!
Markkinatalouden historian tunnetuin troijalainen:
soluttautui työelämään,
keskiverto mainostoimistotyöläinen
keksii mainoksen
koko kansakunta suggeroituu
muinaisen kabbala-tradition
hävyttömän hypnoottisen piilomainonnan avulla
  lopulta koko maailma.
Yritysfuusioiden ja briljanttien osakekauppapsykoosien jälkeen
todellisuus valkenee.

      Kaikki ovat yhtä.

Joo, tuumin.

Tänään herättyä
puhtaat vaatteet vaihdettua
mies mielipidevankeudesta vapautettiin

valtion armosta
valtio arvostaa arvoja
joita miehet historiasta kaivertaa
ruotsalaista suomijellonaa
isänmaallista kapinaa
kantaa kansa
joka itsenäisyyttä vielä julistaa

maallisen naurun
maaninen kauhu
nuo ihmisyyden jäänteet
sulisi koko harha
tabu vaikea
voisi ihmiset vapaammin
matkansa kulkea

nuo harhakuvitelmin rakennetut aidat
vetää valtioiden väliin piirretyt linjat
peittää totuuden
joka kätkee maahamme jalkamiinat

se että rauha rakentuisi tappamalla
on suuri harha
nieli kokonaan maansa
sama harha sekoitti pään olevaisen
joka oli oleva kollektiivinen koko kansan

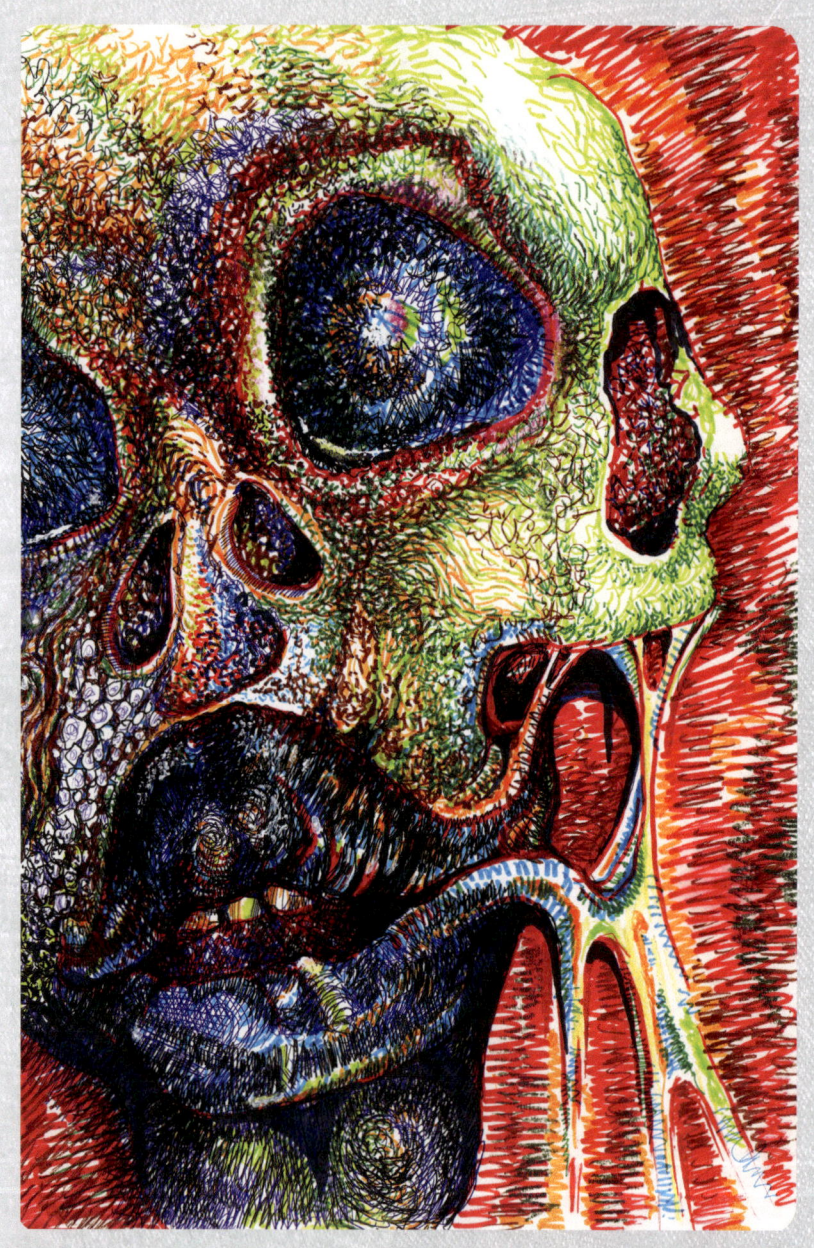

Muistan kun pelasimme armeijassa pesäkalloa.

Jos sai lyönnin kopitettua, ansaitsi oikeuden
ottaa sokan irti
yrittääkseen haavoittaa tai räjäyttää
-palo ja kaput pelitermistöllä-
vastustaja.

Useimmiten täytimme kranaatin
limsatölkeistä revityllä pellillä,
jottei kuolemia
ja paloja
tulisi niin paljon.

Maanpuolustusberg innostui
kovin ideasta ja järjesti
valtakunnallisen
kasarmikahakan,
Juokse tai Kuole -pesäkalloturnauksen.

Finaalissa pelasivat
Pekka Valosen luotsaama Valkoinen Suomi
ja Ahti Pekurisen kipparoima,
aseettoman palveluksen
valinneista koostettu joukkue.

Peli oli selvästi punaisten eduksi,
vaikkei Pekurisen Maanpetturit-nimellä
(turnausjohto päätti itse nimen)
pelannut joukkue käyttänyt kertaakaan
kranaatti-optiota.

Valkoisten pelillinen häpäisy
oli kiihkeimmillään
-parin punanutun maatessa
kentän laidalla
hurmetta vuotavana
sirpaleiden osumista-
kun Valonen
päätti viimeisenä
oljenkortenaan
manipuloida tulosta.
Valonen tiesi ettei
Pekurisen järkkymätön
pelisilmä ollut voitettavissa.

Pekka otti kranaatin
ja käskytti paria
valkonuttua räjäyttämään Ahdin.
   Kolmas rivistä,
hän joka tavoitteli
   kapteeninnauhaa,
   suostui.

   Veti sokan irti,
   katsoi jumalatonta natsia
 hyväksyvillä silmillään
       laski kolmeen,
jonka jälkeen
Ahti
eli vielä
neljä sekuntia,
            sitten,
   pesäpallosta tuli
   kansallislajimme.

Luin Raamattua kabbalalaisittain ylösalaisin
kerroin kaiken lukemani
piillä
kuudensadankuudenkymmenenkuuden desimaalin tarkkuudella:

3,14159 26535 89793 23846 26433 83279 50288 41971 69399 37510
58209 74944 59230 78164 06286 20899 86280 34825 34211 70679
82148 08651 32823 06647 09384 46095 50582 23172 53594 08128
48111 74502 84102 70193 85211 05559 64462 29489 54930 38196
44288 10975 66593 34461 28475 64823 37867 83165 27120 19091
45648 56692 34603 48610 45432 66482 13393 60726 02491 41273
72458 70066 06315 58817 48815 20920 96282 92540 91715 36436
78925 90360 01133 05305 48820 46652 13841 46951 94151 16094
33057 27036 57595 91953 09218 61173 81932 61179 31051 18548
07446 23799 62749 56735 18857 52724 89122 79381 83011 94912
98336 73362 44065 66430 86021 39494 63952 24737 19070 21798
60943 70277 05392 17176 29317 67523 84674 81846 76694 05132
00056 81271 45263 56082 77857 71342 75778 96091 73637 17872
14684 40901 22495 3:lla

=

22 1 12 5

espanjaksi velkakirja, vapaalippu ja todiste
turkiksi sotilas
latinaksi hyvästi ja kauniita unia
viroksi valhe

Maksalaatikon mässäily keskiyöllä
atsovärein koreutettuja kuivattuja viinirypäleitä
                              rusinoita
ihran erottelu pekonista
   altialaista nektaria kyytipojaksi
   tietysti kulinaristi maustaa kaiken
   e-koodien parhaimmistolla

Qooglen avulla löydän Kuubassa asustelevan herrasmiehen
   USA:n ylistetyimmässä keskitysleirissä
   inhoaakohan se maksalaatikkoa
e-koodeja tai muita ainesosiani
   ranskalaiselle riutuneelle pakkosyötetylle syyttömälle
         olisi viini paras lahja

Mies uhrasi itsensä,
vaihtokaupassa Maan ihmiset
menettivät kyvyn
väkivaltaan ja sotaan.

Moni menetti työpaikkansa.
Armeijat lakkautettiin
aseteollisuuden
kätyrit
ja entiset toimitusjohtajat
vaativat moraalittoman marttyyrin päätä vadille.

Kansa osoitti suosiotaan kätyreille
    uskollisesti määkien.

Aika
 tila
 aika ajoin
 otan kaiken sen
 antaaksen ajan
näyttää vikani
  joskus oudoksuttu
piireissä jotka
luottaa vielä siig hailiin
kumartaa jumalalleen ja
 antaa arvon vääristyneen humalalleen

joukoissa noissa siemen
josta versoo mahdollisuus
ihmiskunnan tuhoisimpaan kliseeseen
 istun hiljaa
  mietin
  niiaan kohti shishaa,
  tulen tulokseen samaan mihin zapatistatkin viittaa:
kee

ya basta
liputan vallankumouksen puolesta
kunnes kuolen
toveruudesta voiman tulevassakin vuolen
pakon edessä vihamielistä karkuun juoksen
väkivallan vaihtoehdoista kokonaan suljen

pelle taas hokee
koko perussuomalaisen mentaliteetin
saatana sotkee
pitäs viedä mettään ja
suohon se polokee
jos se vielä meidän
isänmaallisuuteen koskee

Ruoskan arvet selässä
kumma kyllä,
ensimmäiseen haavaan sattuu eniten.

Ensimmäinen niin tuskallinen
  luulin sen loppuvan
  ...kolmas ja neljäs.
  Hoppu jo viidenteen.

Enää pintahaavoja,
alan nauttia kivusta
toivon että yksi isku halkaisee minut.

Näinä kesän kuumina päivinä,
auringon esittäytyessä Pohjolan väelle,
tunnen muutoksen
aivokemioissani.
   Ilon&Valon aika on koittanut.
Paatuneimmat nettivihaajat
betonikoloissaan
misantrooppisessa ihmissykkyrässä
yhdeksän kuukautta vuodesta vaeltavat
sielutkin ovat ulkona.
Elämä on saapunut ja kaikki myöntävät sen!

Outoa ja minulle vielä epäselvää on se,
miten nuo samaiset
elämän energiasta kesäisin nauttivat sielut
ylistävät neljää vuodenaikaa
ja saatanallisen pitkiä talvia.

Itse olen valmis luopumaan neljästä vuodenajasta ja
siirtymään kahden vuorotteluun.
Kyseinen malli on käytössä jo useissa maissa ja
Suomikin on salaisen poliittisen eliitin marionettikätyreiden
lähteen mukaan "fantastisen halukas" kuulemaan tästä uudesta
innovaatiosta.

Taantumuksellisuuspuolueen Kari Kätyri muistuttaa kumminkin lisääntyneen onnellisuuden tunteen ja rajun mielenterveyspalveluiden kysynnän laskun vuoksi hallitusta vielä kertaalleen harkitsemaan harkitsemista. Kätyrin mukaan ihmisten ylenpalttinen ulkona sosialistisoiminen johtaa katurikollisuuden kukoistukseen ja hallitsemattomiin puistoryhmittymien muodostumiseen.

Suomen uusikonservatiivisen Kolmas Tuleminen -puolueen puheenjohtaja Axel Slütt on Kätyrin kanssa samoilla linjoilla.

"Myös talouspoliittiset esoteeriset seikat ja korkeamman tahdon suurvisionääriset entiteetit puoltavat nykymallissa pysymistä. Lumiteollisuus olisi myös vaarassa rapautua eikä lumen yksityistämiseen tähtäävät lobbarimme voisi elää enää suojatyöpaikoissame", Slütt painottaa.

(Eräässä oululaisessa puistossa tapahtunutta:)

Musiikki siirtyy taskussa sijaitsevasta
soittimisesta kaapelia pitkin kuulokkeisiin,
kävelen keskivauhtia
Hallituskadulla
parinkymmenen metrin päässä sijaitsevan baarin edessä
nopealla vilaisulla nopeasti kategorisoiden
kaksi hieman päihtynyttä ihmiskuorta.

Yhtäkkiä kuulen toisen äänen ihan vierestäni
(huom. musiikki peittää kuuluvuutta):
-Onko heittää röökiä?
Otan kuulokkeet pois ja totean
röökiä ei ole
tarjoan nuuskaa.
Ei kelpaa.
Miehet seisovat koko maalaisella rotevuudellaan,
paljastavat kategorisoinintini hupaisat stereotypiat ja
stereotyyppisointini hupaisat kategoriat
auto- ja kaljamerkkilippalakeillaan,
kerosiininkatkuisilla michelin-takeillaan.

-Vitun hip hop -jätkä!
toinen uros tarttuu kuulokkeisiini
vääntää ne keskeltä kahtia.
Heidän siirtonsa ei tuota haluttua lopputulosta
en vaivaudu syyttämään tai provosoimaan
näitä zombie-mielisiä,
bensasta elämäneliksiirinsä imppaavien,
vanhemmilleen ikuisen
hautaan asti kestävän häpeän tuottavia,
kehitysvammaisiksi diagnosoimattomia raunioita,
vaan jatkan matkaani baariin,
kulkematta toripolliisin kautta.

07:58 **B**ussi kaartaa pysäkille kolme minuuttia myöhässä
verta ilman tuskaa vuotavat zombiet
yhtä harmaita kuin eilenkin
 nykypäivän busseissa tasapainoa tästä näin -renksut
 ovat kehittyneet hirttosilmuiksi

no voi mutta miten pirteää rohahtelua
luoteessa minusta katsottuna kököttävä
noin viisissäkymmenissä
elämän arvet arvokkaasti piilottava
 herrasmies valahtaa kädet velttoina kaiteeseen
 leuka kolahtaa ensin
 seuraa otsan ja linja-auton keskiosan
lastenvaunuille tarkoitetun tilan
takaosan penkeistä erottavan väliseinän yhteentörmäys

 luisuminen kohti bussin keskiötä
  oudot vääntelehtivät naamat
aamupahoinvoinnista kärsivien kuvottavaa empatiaa
  hirvittävä liian pitkään jatkuva
  veren ja sappinesteen ulosanti
   osa epäili epilepsiaa
   tiesin
   se on poloniumi

Muistan naisen
   kasvot kauneimmat kreikkalaisen kauneusihanteen
    muodoiltaan
 sanoisinko
  esiin työntyvä
olemus tyylitellyn elegantti
  tiedän se ei ole periytyvää
  tiesin silti
  siihen olen kääriytyvä

 harkitessa vielä askelkuviota
  sain oudon kosketuksen ohimoon
kääntyessä katsomaan
  naisen silmät vääristyneet
  nauliintuneina tuijottaa

  häiritsevä eleettömyys
  sai pahoin voimaan
   pois kääntyvän
    äänettömyys
 palleja vihloi
     ja oksetti
  tilasin tuplatequilan
ja juotin ne
kiveksilleni
  myöhemmin
    yöllä
 juotin ne
lakanoille
 tuijottajan

Kusetuksen keltaisessa harmaudessa
  ei paista valo edes
siveysvyöllisessä hurskaudessa

vikittelin neidon
  totuus on
   vitut
  ei ole

Yhytin itseni
  kutuaikana
laskettelin kaarevaa temppeliä
-matkalla ohi kahden pantheonistisen kupolin-
kohti raiskaajien ja murhaajien suosimaa
piiloa

monet insituutiot ja henkiset johtajat
kieltävät alkuräjähdyksen ohella
sen olemassaolon
  sen täydellisen profiilin
    käänteisverrannollisen kontrastin
      seniiliyteen
sataprosenttisen lineaarisen kausaalin
pedofiliaan
      viettelemyksen
        elämän alun
          lopun
          kolon

Sadettaja saapui parahiksi
saattoi kaikki yhdeksi luonnoksi
unohdutti tarpeen invalilidi- ja individualisoitumiseen
samaahan se tarkoittaakin
nykyään oikeus ja kohtuus
poliittisesti korrektia
tautologista korupaskaa
  kohtuus olisi olla kohduton
      oikeus olla olematon

aktiiviset syyt eli merkitykset etsivät ottajaansa
rehellisen lopullinen tyhjyys ei ole ollut kovassa huudossa
  totuuksia ja uskonnollisten yhteisöjen jäsenkortteja
ostetaan parhaaseen markkinahintaan
  jottei jokaisen -vähintään ihmisen-
alitajunnasta tiedoistuva kosmisen tyhjyyden karu olemus
saisi meitä vaipumaan iättömään alakuloon
  sitä kautta lopulliseen
  kapitalismin mädättämään
  uraanille haisevaan
  kollektiiviseen harakiriin

35

Kauniimpaa ei olekaan
jos oltaisiin vaan
kuin ei oltaisikaan
  tuntevina tietävinä
  tunnustettaisiin tuntematon
hyötyville hyödykkeille
  hyvästit
 sydämien syväjäälle
takas numeroista ihmisiksi
  tämä hektisyys
      vitsi

mistä elämä kumpuaa
ihmisille laein sulkeutuu
 tietoisuuden jäätyessä
 nääntyy kansa virastoissa

minkä päällä seisoinkaan
    mistähän se mies kertoikaan
vailla kokonaista kertomusta
ilman osien ajatusta

ymmärsinköhän väärin
koko rakennelman ympäri käänsin
  ajatukset hataraista
 vaikkei mies kamaa maistaisikaan

ehdin kaivata sitä ihanaista
kosketusta ilman kosketusta
ajatuksieni tuntevaista
 jakaa kokemani kokonaan
  vähät kohtuudesta välittää

Maan alla ryömiessäni haaveilin
zapatistan urasta.
Politiikkaa! Joo. Aitiopaikalta.
Agitoida jokaiseen puolueeseen tyytymättömiä
eli 99% kansasta kuulemaan asiaamme:

"Kaikki on paskaa. Talouspoliittinen keskustelu on hämmentävä
tragikomedia valtakunnallisissa uutisissa, jonka käsikirjoittajat
asustelevat Belgiassa ja nauravat partaansa... Vapaus on tänä päivänä
rietas propagandistinen paskasana, joka on menettänyt
merkityksensä. Tämän päivän vapaus on maksaa velkaa ja huomisen
vapaus on syödä Isoveljen kädestä.

    Hallitus keksi "keskittämisratkaisun" eli yhtenäisti koko
Suomen viemäriverkoston, ja tämän maan alla kiemurtelevan
putkikompleksin avulla he seulovat jokaisen rikosrekisterin tai
pysäköintivirhemaksun saaneen ulosteet ja tällä tavoin jakavat
takautettuja huumausaineiden käyttörikoksia ja laittomien
elintarvikkeiden käyttömaksuja. Muistakaamme, että uuden
direktiivin jälkeen vain Mosanton tuotteet ovat sallittuja.
On aika sanoa ei paskalle!"

Tämän ihmiset varmasti tajuavat
heräävät tähän kammottukseen
ja alkavat

        mutta
        ei.

Pitkän tähtäimen toimet ovat poissa muodista.
Tämän päivän ihminen ojentaa vain
ottaakseen refleksinomaisesti takaisin,
        korkojen kera.

Välittömän tuloksen
välittömän kannattamattoman hyödykkeen
kammottava
välittämättömän välittömän
halveksunnan ajanjakso

tila jossa alistuneisuus on alitettu
  ja ihmisarvojen korkeushyppypaikalla
     yhtään rimaa ei ylitetty.

X:
selvitin tämän ihan itse
minua ei pidättele mikään
  tosin salonkikelvoton
  pakko heittää kiven sisään
  pallon palaset
  palkattomat alaiset
  patentoimattomat pasifistin
  takapajuiset
  paja-ajatukset

Y:
haluttuani halujani
halattuani haamujani
haaveilin:
  hassuista hattaroista
  taipaleista vailla hehkua häistä
  hahmoista jotka harvoin
  oppikirjoissa hahmottuu
  paikoista joiden funktio muu kuin
  jätteen loppusijoitus
  katsoa sinun silmästä silmääni
  saattaa sielusi sisään sieluuni

haluan sielustasi
sativaisen voiman nieluuni
sisuunnun sinulle vaan
vuoksi eri kokemuksen mieleeni

X:
päivä päivältä kauempaa
eilen katsoin vielä lähempää
nyt huomautan
 eternaalisuuden hegemoniaan
  ei usko
  empatiakykyinen
  homo scissus
    pieni rikkinäinen ihminen

Y:
vakavasti järkeen
en haluaisi tulevien
tarttuvan ydinkärkeen
kun me päästetään irti
se kyllä käsistä lähtee
  näetkö jäljet
    ne ei täältä hetkessä lähde

Liplattava aallokko
kaikki liioitellun miellyttävää
oranssia mökkeilyä
kävelyt yön siimeksessä
järvessä jo hyökyaallokko

joku sadoista miljardeista tähdistä
tervehtii
supernovana loikkaa
taimenen perään
todistin sen kuoleman tässä
ennen niitä helvetin
kansainvälisen tähtitieteellisen unionion
kyklooppeja
asteristikkoja luovia foliohattuja

päätän loppuun sen
minkä Ptolemaios aloitti
kirjoitan uusiksi kosmista
wikipediivallista todellisuutta
villasukkaisessa rantamökissä
ja jotkut väittävät että
mökillä on tylsää

Kokemuksien todiste
koko elämän mittainen toveruus
ulkopuoliselle kryptinen mustesarja paperilla

ei näitä menetyksiä korvata massadiagnooseilla
hämäävän aidolla lekurin empatialla
itsestään reflektoituvilla tunnetiloilla
tai kasrvospenan
obskuurilla lääkekuurilla

-Oothan vielä kuulolla?
Tuut-tuut...
prepaidi kierrätykseen,
  seuraava potilas!
laitathan kasvun koilliseen
  tikit omatoimena?
Kirsikkana kakussa
tehdään sinusta
sotilas
suruaika: 3 päivää

Luulen että opin tänään jotain uutta
 lopun tullessa jatkan kohti kuuta
Proxima Centaurin valonnopeudella ohitan
 vielä sieluni pakanataivaassa kohdistan.

Halusin kokea jotain uutta
 kun kuulin
  Ne eufemismein
   kätkee jotain suurta!

Ei löytynyt yhteyttä uskosta
 hän käänsi vain arpiset posket
ihmisten eristäminen ei sopinut agendaan
 siksi katkesi yhteys kokonaiseen jumalaan.

Kehrätään ja kudotaan
aika suolamarssiin
takaisin palaamaan
isku vasten apatiaa
muodostuu uusi merkitys
hasta la victoriaan

näillä askelilla
uskomattomilla uskomuksilla
kohta koko pallo
henkosilla viimeisillä

mistä mitään tiedän
surettaa vain kun
toveritkaan enää toisia kiitä
ihmiselle mikään ei riitä

Jotain taatusti tapahtui
jotain läheltä
jotain hänelle
jota en hänelle
tajunnut
 -valetta-
uskaltanut

sen jälkeen on koittanut
hiljaisuuden
vaimean unohduksen
ihmissydämen erään ajanjakson
muistijäljen loppujäädytys
    traagisen lopun
    mitäänsanomattoman
    loppukorahduksen välinen
    harmauden periodi

Tekemisen äärellä
voimalla seitsemän aistini
painottaen herkkyyteen ja visioon
lähellä
kokonaisvaltaista
ajatuksien vapautta
nautintojen ataraksiaa
jalkapallokentällä
seksiä keskiympyrässä
epikurolaisittain

18082013 – lauantai

Päivä jolloin tuuli kuljetti puista valuvia
kellastuneita lehtiä
roskakoreihin ja etelään

erinäiset kuorot yrittivät pitää tämän
äärikeskustalaisen kaupungin järjissään
lähes uskonnolliset eghot
aaltoilivat sipiläläisten korvissa
    kuorohurmoksen puristusote
    tiukasti kaupungintalon kiveksissä
jotain todella hämärää tapahtui kulissien takana
kulttuurin tuotteet ovat yleensä
salaisien poliittisten tekojen suojaviitta

Ahdistuksien ristiaallokoissa
jokainen tekemätön tehtävä
taivutti selkääni
 moraali seurasi
 varjon lailla
 luulin pelkääväni.

Tyytymättömyys ja pelko lamaannuttaa,
 ajaa kohti epätoivoa,
joka johtaa krooniseen melankoliaan.

Tuhon elementit,
 kokonaisvaltaisen
  peruuttamattoman
   tuhon.

Pelikortit ja uhkapelaaminen
opettivat elämän matematiikan
 kun kuljen arkisia katujani
 näen ihmisen yrjöämässä
 rekisteröin ensin viikonpäivän
 sitten tarkastan
kellonajan
sukupuolen
ulkonäön
elämäntilanteen
Leijonien maailmanmestaruuden mahdollisuuden
 ynnä muiden sellaisten muuttujien vaikutuksen

vaikka olisi
tiistai
kello 14.15
nainen
minkkiturkissa
iloisena lauleskellen
 oksentamassa kolikko-tanen housuissa
  ranlundin yhä ilmaveivatessa
   jallu kourassa
 en hätkähtäisi

tapahtuma on
-usein näitä katuja tarponeena-
mahdollinen
 harmaan tavanomainen

tai
perjantai
 yö
 mies läsähtää kahvilan
  markiisin päälle
   vyörähtää elävän elämän
      elottomalle mukulakivitykselle

        yhdentekevää.

        Minä
            sivullinen
        todennäköisyyksien summa.

Suostunko juomaan
suostunko lemmen huopaan
suostunko suuttumaan
suostunko juurtumaan

sysipaska
näyttää parastaan
taipuu komiikkaan
liputtaa konservatiivisuuttaan

kieltäydyn paskasta
vaatimus paremmasta
perinteisiin kajoavalle keskisormea
välillä haluan erota yhteiskunnasta

Toin sinulle jotain arvokasta
  itseni
  kokonaisena
  täydellisen läsnä

puhuttiin viinin tahrimilla suilla
taas uskonnoista
järjettömyyksistä
fundamentalisteista

    olen yksi heistä

sidoin sinut naiiviuteni punaisella viitalla
eikä lähes de facto uskonnollinen vakaumukseni
-joita itsekin halveuksen paradoksaalisesti-
    haitannut
  kun suudeltiin viinin tahrimilla suilla
    ja herättiin rakkauden tahrimilla lakanoilla

Mystiset kipinät sytyttivät roihun
  aamuhämärän äärellä istuessamme
  unohdimme oleellisimman
      toisemme

katsoin hiipuvaa liekkiä väsynein silmin
 en jaksanut kerätä edes voimia
 puhaltaakseni hiillokseen
menetyksen hetkellä
 näkymättömän siteen purkautuessa
ymmärrän välinpitämättömyyteni
 naiiviuteni

miten lohduton selvyys
enkä osannut priorisoida ilmiselvää
  onko turtuminen ja tottuminen
   osa jäykkää ihmisyyttä
olisiko mahdollista katsoa toista ihmistä vuosisadan jälkeen
samojen sektronien säkenöidessä
jotka hypnotisoivat tavatessa

paljon jäi sanomatta
 ja liian monesti sanoin mitä en tarkoittanut
   vielä enemmän jäi yhdessä koettavaa
tulet aina olemaan korkeimmalla takkareunuspaikalla

toivottavasti saan elvytettyä sydämeni
  opin heräämään uuteen päivään
  samalla innolla mitä lapsena
    ja tärkeimpänä
oppisin katsomaan sinua niin kuin sokea
  jonka huora juuri paransi syljellään

Enemmän tai vähemmän
aikamme salailtuamme
myönnämme jäyhän konservatiivisuudemme
uskallamme nähdä
oppia taas.

Aidot kausaliteetit peitetty
"Näin se vain on" –mentaliteetti aivoihimme juurrutettu.

Nopea tyydytys – aivotoiminnan hyydytys
"Näin se vain on".

Kokonaisuuden kriittiset arviot
leimataan kerettiläisyydeksi
vähintään skitsofreeniseksi esoterismiksi.
Miksi istumme junassa
ilman kuljettajaa ja jarruja?

Vahvuus on sitä, että tunnustaa heikkoudet.
Kovuus on sitä, että heikkoudet piilotetaan.

Kova ei tiedä kuinka olla vahva,
vaikka kokee vahvuuden hetkiä
paljastaessaan heikkoutensa.

Hän kiertää ihannoimansa vahvuuden ympärillä noidankehää
läpi koko emotionaalisesti kuolleen elämänsä ajan
saavuttamatta sitä koskaan
koska kovuus on rakkauden vastakohta.

Vanha suomalainen sadetanssi:

mahat hyllyy päissää
 ukkoporukalla rähistää
illan mittaa
 ku masa liikaa kärjistää
yks lopulta puukolla täräyttää

sanansa mittainen miesporukka
sopii että
täräyttäjää ei käräytetä
    elävää kaveria ei jätetä -sopimus, nääs

seuraavana päivänä kuolee toinen

tilalle tilatun ammattikäytetettävän
käsittelyn päätteeksi
tilauksen maksaja
muiluttautuu pesemään
reiteensä
mahaansa
sormiinsa
liimautuneet eritteet järveen
mutta liiallisen humalatilan ja
riettaasti suoritetun -mies tukisti naista lujasti niskahiuksista
komensi pitämään suuta auki
survoi penistänsä syvälle kurkkuun
vaikeuttaen huonosti suomea puhuvan naisen hengittämistä-
ejakulaation kombinaatio oli vedessä lilluvalle
uimataitoiselle
kaupunginjohtajallekin liikaa

Siiri-mummo
14. marraskuuta. 1920
4. kesäkuuta. 2013

Eilen laskin mummoni hautaan
liinoilla valkoisilla täytimme tarpeen ikuiseen rauhaan.
Tukahduttava multavuori
hiekanjyvä toisen perään
kaikista rakkain ja rakastavin muori.

Missä on nyt paikka, jossa pysähtyä
Missä on se paikka,
jossa kenelläkään ollut tarvetta jäätyä

otit jokaisen sellaisenaan vastaan
ihminen ilman vihaa,
sydämessä rakkauden vakaumus
tarkoituksenaan vain levittää hyvää.
  Ei tarvetta sanoille pahoille
  ei vain riitä sanat koreat sinulle.

Nyt luon uudet puitteet
  uuden idyllin
paikan, jossa vielä kukkiasi huollat
ventovieraallekin näytät
  kahvia on tuolla.

Maamme pohjasakka
puhelinmyyjät
parkkipirkot
pankkiirit
menkää töihin